BARREAU DE POITIE

DE
LA FAILLITE

AU POINT DE VUE DE L'ÉCONOMIE POLITIQUE

ET DE LA LÉGISLATION COMPARÉE

DISCOURS

PRONONCÉ

A LA SÉANCE SOLENNELLE DE LA RÉOUVERTURE DE LA CONFÉRENCE
DES AVOCATS STAGIAIRES

Le 26 Janvier 1889

PAR

Paul MERCIER

Avocat

SECRÉTAIRE DE LA CONFÉRENCE

POITIERS

IMPRIMERIE BLAIS, ROY ET Cie

7, RUE VICTOR-HUGO, 7

—

1889

LA LOI ANGLAISE DE 1883

SUR

LA FAILLITE

ET LA

RÉFORME DU LIVRE III DU CODE DE COMMERCE FRANÇAIS.

LA LOI ANGLAISE DE 1883

SUR

LA FAILLITE

ET LA

RÉFORME DU LIVRE III DU CODE DE COMMERCE FRANÇAIS

PAR

M. Charles LYON-CAEN,

Professeur à la Faculté de droit de Paris
et à l'École des sciences politiques.

(Extrait du *Bulletin de la Société de Législation comparée*
de mars 1888.)

PARIS

LIBRAIRIE COTILLON

F. PICHON, SUCCESSEUR, ÉDITEUR,

Libraire du Conseil d'État et de la Société de législation comparée,

24, rue Soufflot, 24

—

1888

LA LOI ANGLAISE DE 1883

SUR

LA FAILLITE

ET LA

RÉFORME DU LIVRE III DU CODE DE COMMERCE FRANÇAIS

La Chambre des députés est saisie, depuis 1882, d'un projet de loi sur la faillite. Ce projet, qui modifie assez profondément en plusieurs points le livre III du Code de commerce français revisé en 1838, est porté à l'ordre du jour de la Chambre. La discussion en est vivement réclamée dans le monde des affaires et, selon toute probabilité, elle commencera d'ici quelques semaines. Dans ces circonstances, il y a un grand intérêt pour nous à étudier les lois étrangères sur la faillite, spécialement les plus récentes. Je me propose de faire un exposé de la législation anglaise telle qu'elle résulte d'une loi de 1883 (1). Il ne s'agit pas, bien entendu, d'examiner ici cette loi dans toutes ses parties, de l'analyser dans ses détails (2), mais de rechercher surtout comment y sont résolues les graves questions actuellement agitées en France. Deux questions principales sont posées :

1° Serait-il juste et utile d'adoucir les rigueurs de la faillite pour les commerçants malheureux et de bonne foi ?

(1) 46 et 47 Vict., ch. 52.
(2) J'aurai l'honneur de faire paraître prochainement la traduction annotée de la loi anglaise de 1883 dans la *Collection des principaux Codes étrangers* publiée par le *Comité de législation étrangère du Ministère de la justice*.

2° N'y aurait-il pas lieu également d'offrir à ces commerçants un moyen légal d'éviter la déclaration de faillite?

Il est indispensable de rappeler avant tout succinctement les critiques dirigées contre la loi française de 1838 et d'indiquer les moyens proposés par la commission de la Chambre pour y faire droit. J'arriverai ensuite à l'exposé de la législation anglaise et, à l'aide des documents officiels publiés, je ferai connaître les résultats pratiques produits en Angleterre par la loi de 1883. Pour conclure, j'expliquerai les raisons principales qui me paraissent devoir faire condamner le projet français et recommander l'adoption d'un système analogue à celui de la loi anglaise.

I

CRITIQUES DIRIGÉES CONTRE LA LOI FRANÇAISE.

Un célèbre homme d'État anglais, M. Chamberlain, en exposant verbalement devant la Chambre des communes comme président du *Board of trade* (1) les motifs du bill devenu la loi de 1883, a fort bien indiqué les deux buts principaux qu'une bonne loi sur la faillite doit atteindre. « Le législateur, disait-il, doit se proposer « deux buts principaux et distincts. En premier lieu, il doit s'oc- « cuper de l'administration de l'actif des faillis, afin d'en assurer « la répartition complète, prompte, égale et peu coûteuse entre les « créanciers. Il doit, en second lieu (par cela même qu'il est pré- « férable de prévenir que de punir), faire en sorte de relever le ni- « veau de la moralité commerciale, de développer le commerce « honnête, par suite, de diminuer le nombre des cessations de « paiements. En d'autres termes, le législateur doit s'efforcer de « diminuer le nombre des naufrages (*to diminish the number of* « *the wrecks*) et de protéger le sauvetage (*to protect the salvage*). »

La loi française de 1838 a certainement amélioré sur bien des points, en en tempérant la rigueur, le Code de 1807; mais elle n'a réellement atteint aucun des deux buts indiqués par M. Cham- berlain. Le nombre des naufrages ne diminue point, les cessations de paiements deviennent, au contraire, de plus en plus nom-

(1) Administration qui correspond à peu près à notre ministère du com- merce et de l'industrie.

breuses. Les sauvetages sont trop souvent fort restreints, l'actif à répartir entre les créanciers est généralement assez réduit. Chaque année ces résultats fâcheux s'accentuent. La statistique judiciaire fournit sur ces deux points des indications précises :

1° Le nombre des faillites va sans cesse en augmentant et cette augmentation est telle qu'il ne semble pas possible de l'expliquer seulement par le développement des affaires commerciales. La progression des sinistres commerciaux est constante, sauf de légers arrêts produits par des circonstances exceptionnelles. Voici les nombres MOYENS annuels des déclarations de faillites :

De 1817 à 1826. . .	1,227	De 1861 à 1865. . .	4,837
1840.	2,618	De 1866 à 1870. . .	5,327
De 1841 à 1845. . .	2,893	De 1871 à 1875. . .	4,958
De 1846 à 1850. . .	3,493	De 1876 à 1880. . .	5,833
De 1851 à 1855. . .	2,937	De 1881 à 1885. . .	7,313
De 1856 à 1860. . .	3,994		

De 1876 à 1885 (en 10 ans), l'accroissement des faillites a été de 54 p. 100; le chiffre en est monté de 5,193 à 8,024.

2° L'actif des faillites est, en général, peu important par rapport au passif.

Le nombre de faillites dont l'actif ne suffit pas à payer les frais dont, par conséquent, les opérations sont closes pour cause d'insuffisance d'actif est considérable et augmente sans cesse. Les nombres moyens des clôtures pour insuffisance d'actif sont les suivants :

1856 à 1860. . .	20 p. 100	1871 à 1875. . .	36 p. 100
1864 à 1865. . .	23 —	1876 à 1880. . .	40 —
1866 à 1870. . .	30 —	1881 à 1885. . .	44 —

Bientôt, sans doute, la moitié des faillites sera close pour insuffisance d'actif; cette proportion est déjà dépassée dans le département de la Seine. D'après le discours prononcé, le 18 janvier 1888, par M. le président Michau, à l'occasion de l'installation des nouveaux juges consulaires, sur 2,134 faillites terminées en 1887, il y a eu 1,262 clôtures pour insuffisance d'actif.

Le dividende est, en général, très restreint dans les faillites mêmes qui n'aboutissent pas à cette clôture.

En 1885, 52 p. 100 des faillites terminées par concordat simple ont donné un dividende de moins de 26 p. 100; 79 p. 100 des faillites ayant abouti à l'union ou au concordat par abandon d'actif ont produit un dividende ne dépassant pas le quart du passif.

D'où viennent d'aussi fâcheux résultats?

La loi de 1838 est loin d'être une loi juste; elle traite d'une façon également rigoureuse le commerçant victime d'événements imprévus et celui dont la situation mauvaise est due à des fautes ou à de graves imprudences. Sans doute, il y a la banqueroute simple et la banqueroute frauduleuse à côté de la simple faillite. Mais, parmi ceux-là même qui n'ont commis ni crime ni délit, il y a de grandes différences dont la loi ne tient aucun compte. Elle applique la qualification de faillis, à laquelle l'opinion publique attache une sorte d'infamie, à tous les commerçants qui cessent leurs paiements, sans aucune distinction. Elle frappe d'une dégradation civique partielle même le failli honnête. Tout failli est privé de ses droits politiques, il cesse d'être électeur et éligible aux tribunaux, aux chambres de commerce, aux chambres consultatives des arts et manufactures, aux conseils des prud'hommes. Ce sont là des incapacités graves, surtout dans un pays de suffrage universel. Une fois encourues, ces incapacités ne cessent que très difficilement. Le failli a beau obtenir un concordat, l'exécuter avec une scrupuleuse exactitude, il ne recouvre même pas en partie les droits qu'il a perdus. En cas d'union, le tribunal, sur l'avis des créanciers, peut déclarer le failli excusable. La déclaration d'excusabilité a une simple valeur morale. Le failli déclaré excusable reste privé des mêmes droits que le failli auquel la déclaration d'excusabilité a été refusée. Une seule cause peut faire cesser les incapacités, c'est la réhabilitation. La condition essentielle pour l'obtenir est difficile à remplir, c'est le paiement intégral des dettes en capital et en intérêts. Il y a peu de lois qui, sur ce point, soient aussi sévères que la loi française. Aussi les réhabilitations prononcées par les cours d'appel sont très rares; il n'y en a eu que 110 de 1876 à 1880, soit en moyenne 22 par an.

La rigueur de la loi envers les commerçants même honnêtes et prudents a des conséquences déplorables au point de vue de l'intérêt des créanciers. La loi française fait un devoir au commerçant de révéler sa situation quand il cesse ses paiements; il doit lui-même provoquer sa faillite en déposant son bilan dans un délai de trois jours. Effrayés par les sévérités excessives de la loi, les commerçants ne se conforment guère à cette obligation. Que font ceux-là mêmes qui sont honnêtes quand ils voient arriver des échéances auxquelles ils ne peuvent pas satisfaire? Ils réalisent précipitamment une partie de leur actif pour payer certains créanciers ; ils vendent leurs marchandises à vil prix et s'engagent de plus en plus dans des opérations hasardeuses qui doivent les mener fatalement à la ruine. Très souvent le commerçant embarrassé, pour éviter la faillite, cherche à conclure des arrangements amiables avec ses créanciers. Comme il est difficile d'obtenir l'adhésion de l'unanimité des créanciers, on paie les plus récalcitrants, on leur fait des avantages particuliers au préjudice des autres. De deux choses l'une alors, ou les dividendes promis par l'arrangement amiable ne sont pas payés, ou ils le sont. Dans le premier cas, les adhérents mêmes font résoudre l'arrangement. Dans le second cas, il est attaqué par ceux qui ont été plus mal traités que les autres. Ainsi la faillite devient inévitable, elle est déclarée, non sur dépôt de bilan, mais sur la demande des créanciers.

Les faillites déclarées sur dépôt de bilan qui, d'après la loi, devraient être les plus ordinaires, diminuent continuellement de nombre, tandis que les faillites déclarées sur la demande des créanciers sont de plus en plus nombreuses. Jusqu'en 1870, les faillites ouvertes sur déclaration du failli l'emportaient en nombre. Les proportions sont retournées (1) :

	Dépôts de bilan.	Demandes des créanciers.
De 1866 à 1870	49 p. 100	46 p. 100
De 1871 à 1875	45 —	49 —
De 1875 à 1880	41 —	52 —
De 1880 à 1885	38 —	56 —

Quand la déclaration de faillite intervient ainsi, elle ne sert à rien ou à presque rien : l'actif a été considérablement réduit par les opérations désespérées auxquelles le commerçant s'est laissé entraîner pour éviter les rigueurs de la loi. C'est à ces rigueurs qu'on doit attribuer les déclarations de faillite tardives, cause de l'accroissement des clôtures pour insuffisance d'actif et de la diminution des dividendes.

Ce n'est pas tout. Les opérations auxquelles le débiteur s'est livré pour éviter la faillite sont, en général, compliquées et donnent lieu fréquemment à des procès. De là une source de

(1) Nous laissons en dehors les déclarations de faillite prononcées d'office.

lenteurs dans les liquidations des faillites et de frais qui absorbent une partie de l'actif.

Ces lenteurs sont d'autant plus grandes que l'administration des syndics n'est pas surveillée par les intéressés. Les créanciers sont trop nombreux pour exercer un contrôle efficace et sérieux. On peut, du reste, les comparer quelque peu aux actionnaires d'une société anonyme ou en commandite : ils en ont l'aveuglement et l'insouciance.

II

ANALYSE DU PROJET SOUMIS A LA CHAMBRE DES DÉPUTÉS FRANÇAISE.

Que faudrait-il faire pour améliorer la législation, pour remédier à des maux qu'il est difficile de nier? Il faudrait adoucir les rigueurs de la loi à l'égard des commerçants honnêtes, victimes des événements, et assurer à ceux qui, par le dépôt de leur bilan fait en temps utile, provoquent la liquidation judiciaire de leurs affaires, certains avantages refusés à tous les autres. Ces avantages exciteraient les commerçants à révéler leur situation le plus promptement possible.

Ce sont là les deux buts que s'est proposé la Commission de la Chambre des députés. Pour atteindre ces buts, elle a organisé un système ingénieux qu'on peut décrire en peu de mots.

L'innovation capitale du projet de loi consiste dans l'organisation, à côté de la faillite, d'un système de liquidation judiciaire et de concordat réservé aux commerçants jugés dignes d'une faveur particulière.

Tout commerçant peut obtenir le bénéfice de la liquidation judiciaire et du concordat. Mais il faut pour cela qu'il présente requête au tribunal dans les dix jours de la cessation de ses paiements.

Le jugement de mise en liquidation nomme un juge-commissaire et un liquidateur. Ce jugement ne doit recevoir aucune autre publicité que celle résultant de la lecture à l'audience. Une inscription d'hypothèque est prise au nom de la masse par le liquidateur. A partir de la date du jugement, aucune inscription ne peut être prise sur les biens du débiteur, toute action mobilière ou immobilière et toute voie d'exécution doit être intentée ou suivie à la fois par ou contre le débiteur et le liquidateur.

Le débiteur n'est pas frappé de dessaisissement, mais il ne peut contracter seul aucune dette ni disposer de ses biens. Il continue à administrer son patrimoine, et il doit, selon la nature des actes, être autorisé par le juge-commissaire ou par le tribunal. Les dettes à terme du débiteur deviennent exigibles. Les dettes chirographaires cessent de produire des intérêts.

Dans les trois jours du jugement, le greffier convoque les créanciers. Un état de situation est dressé par le débiteur assisté du liquidateur.

Les créanciers s'assemblent et désignent parmi eux deux contrôleurs qui sont chargés de vérifier l'état de situation dressé par le débiteur assisté du liquidateur. Il est procédé à la vérification des créances ; puis, les créanciers vérifiés ou admis par provision, sont invités à se réunir pour entendre les propositions de concordat et en délibérer. Il faut, pour que le concordat soit voté, la majorité des créanciers en nombre et la majorité des deux tiers en sommes. Le concordat est, en outre, soumis à l'homologation du tribunal.

Si le concordat est voté par les créanciers aux majorités requises et homologué par le tribunal, la liquidation judiciaire est terminée, les effets du jugement qui l'avaient prononcé cessent de plein droit. Le débiteur concordataire ne reçoit pas la qualification de failli, il n'encourt d'autres incapacités que celles d'être *élu membre des tribunaux de commerce, des chambres de commerce, des conseils des prud'hommes, des chambres consultatives des arts et manufactures.* Il conserve ses droits politiques proprement dits dans leur intégralité.

Si, au contraire, le concordat est repoussé par les créanciers, s'il n'est pas homologué ou s'il est plus tard annulé ou résolu, la faillite est déclarée. Elle produit tous les effets de la faillite actuelle, notamment au point de vue des incapacités du failli. Il y a même une rigueur supplémentaire. Le concordat n'est plus possible après faillite comme il l'est aujourd'hui ; le seul régime admis alors est celui de l'union. Pourtant le projet de loi a fait, même après la déclaration de faillite, une certaine part à l'indulgence. Les incapacités du failli ne peuvent cesser *toutes* que par la réhabilitation ; mais elles cessent, au moins en partie, par la déclaration d'excusabilité à laquelle un effet pratique serait ainsi attribué. Cette déclaration ferait recouvrer au failli excusable tous ses droits d'électeur ; il continuerait à être inéligible non seulement aux tribunaux et aux chambres de commerce, comme le débiteur concordataire, mais aussi à toutes les assemblées politiques, départementales et municipales.

Le bénéfice de la liquidation judiciaire est ainsi lié à celui du concordat. Il faut, en outre, pour en jouir, que le débiteur n'ait ni dissimulé une partie de son actif, ni exagéré son passif, ni omis sciemment le nom d'un ou de plusieurs créanciers, ni commis une fraude quelconque. Il est déchu du bénéfice de la liquidation judiciaire s'il est, après l'avoir obtenu, condamné pour banqueroute simple ou frauduleuse, comme au cas où le concordat est annulé ou résolu.

Enfin dans l'espoir d'activer la liquidation des faillites, le projet de loi (art. 442) décide que les créanciers doivent choisir parmi eux un ou plusieurs contrôleurs pour surveiller la gestion des syndics (art. 528). Ces contrôleurs peuvent vérifier les livres, demander compte de l'état de la faillite, des recettes effectuées et des versements faits. — Ils doivent être notamment consultés sur les procès à intenter ou à suivre, tandis qu'aujourd'hui le syndic a le pouvoir d'intenter toutes les actions sans avoir besoin d'aucune autorisation. — Les fonctions de contrôleur sont gratuites.

III

EXPOSÉ DE LA LÉGISLATION ANGLAISE.

Nous pouvons aborder maintenant l'exposé de la législation anglaise. Nous constaterons que le législateur anglais a eu des préoccupations analogues à celles des auteurs du projet français, mais que le système de la loi de 1883 diffère d'une façon assez notable de celui qui est actuellement proposé à notre Chambre des députés.

La loi de 1883 a, sous un certain rapport, une portée d'application plus large que celle de la loi française; depuis 1861, la faillite en Angleterre est commune aux commerçants et aux non commerçants. La loi nouvelle a même fait disparaître les quelques différences de détail qui existaient encore entre le cas où le failli était commerçant et le cas contraire. Mais, à un autre point de vue, la portée d'application de la loi anglaise sur les faillites est moins étendue que celle de la loi française; celle-ci s'applique aussi bien aux sociétés commerciales qu'aux individus commerçants; la loi anglaise est faite exclusivement pour les individus. Pour les sociétés constituant des personnes morales, il y a une liquidation judiciaire qui, organisée par la loi de 1862, remplace la faillite.

La loi de 1883 n'est, du reste, applicable qu'en Angleterre. Il y a une loi de 1856 pour l'Écosse et une loi de 1872 pour l'Irlande.

Le législateur anglais est depuis longtemps à la recherche d'une bonne loi sur les faillites. S'il n'a pas atteint le but, ce n'est certes pas faute d'avoir fait les plus grands efforts. M. Chamberlain a constaté que depuis 60 ans il n'a pas été fait en Angleterre moins de 41 lois sur la matière. Parmi elles il en est plusieurs qui l'ont complètement refondue, telles ont été les lois de 1825, de 1831, de 1849, de 1861, de 1869. La loi de 1883 a eu pour but de remédier aux inconvénients graves, aux fraudes et aux abus scandaleux auxquels avait donné lieu la loi précédente, celle de 1869. La loi de 1883 est une loi plus sévère que celle de 1869, mais elle l'est infiniment moins que la loi française actuelle, et même que le projet soumis à la Chambre des députés.

Le législateur de 1869 était parti de l'idée que la faillite est une affaire d'un pur intérêt privé. Par suite, il excluait ou restreignait dans les plus étroites limites tout contrôle d'une autorité publique. Le système général consacré sous ce rapport par la loi de 1869 a reçu le nom de *voluntarism*. On oppose au *voluntarism* le système appelé *officialism*; celui-ci consiste à considérer la faillite comme une affaire concernant l'intérêt public, et à faire, par suite, intervenir dans la procédure (dans un but de surveillance et de contrôle) une autorité judiciaire ou administrative.

La loi de 1869 admettait que, pour éviter la faillite, un débiteur pouvait conclure avec la majorité de ses créanciers un concordat ou un arrangement déterminant le mode de liquidation; ce concordat ou cet arrangement liait la minorité (*composition without bankruptcy* ou *liquidation by arrangement*). Le concordat ou l'arrangement avant faillite n'était soumis à aucun contrôle judiciaire, l'homologation de justice n'était pas nécessaire. Les créanciers avaient seuls à examiner si bon leur semblait, la conduite du débiteur, la cause de l'embarras de ses affaires. Il est vrai que les concordats et arrangements avant faillite devaient être enregistrés par le greffier de la cour compétente; mais celui-ci n'avait pas à rechercher quelles avaient été les conditions acceptées par la majorité; il devait seulement examiner si les majorités requises existaient et si les quelques formalités exigées avaient été remplies. Les frais et la lenteur de la procédure de faillite étaient tels que les concordats et les arrangements avant faillite lui étaient presque toujours préférés par les créanciers. La statistique nous fournit à cet égard des données intéressantes.

De 1870 à 1877, il y avait eu contre 8,275 déclarations de faillites 31,651 arrangements amiables et 20,270 concordats avant faillite (51,921); au total, 60,196 cessations de paiement.

Ainsi les arrangements formaient plus de la moitié, les concordats avant faillite 1/3, et les faillites moins de 1/6 des cessations de paiement.

Dans cette période, le nombre annuel des arrangements était monté de 2,035 à 5,239 par an, — celui des concordats avant faillite de 1,616 à 3,327 par an, — les déclarations de faillite étaient tombées, au contraire, de 1,351 à 967.

De cette manière, des fraudes parfois très graves demeuraient cachées et impunies; le débiteur parvenait à ne payer qu'une faible partie de ses dettes. Les abus étaient parvenus à un tel point qu'un juge célèbre déclarait que, si la loi de 1869 restait en vigueur, aucun homme de bon sens sachant ce qu'il doit à sa famille, ne payerait ses dettes en entier.

A défaut d'arrangement ou de concordat, la faillite pouvait être déclarée. La gestion était confiée à un syndic nommé par l'assemblée des créanciers. En général, les frais étaient énormes, les dividendes très restreints. Le mal provenait de l'absence d'un contrôle sérieux exercé par l'autorité publique et aussi particulièrement de l'abus des procurations générales. Quand une personne cessait ses paiements, elle avait souvent à sa disposition un homme d'affaires qui était une sorte de compère. Celui-ci se transportait chez chacun des créanciers, et profitant habilement du peu d'inclination qu'ont les créanciers à s'occuper de la faillite, il se faisait donner par tous ou par presque tous une procuration générale pour assister et voter aux assemblées de créanciers. Cet homme d'affaires, de connivence avec le débiteur, avait ainsi la majorité des voix; il composait même parfois à lui seul l'assemblée générale! Il ne manquait pas de se choisir lui-même comme syndic. Parfois il élisait aussi un comité de surveillance chargé de contrôler sa gestion. C'était lui qui fixait, comme mandataire des créanciers, le salaire qu'il avait à recevoir en qualité de syndic! Il arrivait aussi à retenir entre ses mains des sommes importantes, car c'était aux créanciers qu'appartenait le droit de fixer la banque à laquelle les sommes disponibles devaient être déposées. Souvent le syndic faisait le dépôt dans la maison de banque dans laquelle un compte personnel lui était ouvert. Avec ces sommes, les syndics se livraient souvent à des spéculations. Aussi n'était-il pas rare que des syndics fussent déclarés en faillite pendant la durée même des faillites qu'ils administraient.

Les plaintes étaient générales ; à plusieurs reprises, des bills avaient été proposés pour réformer la législation. La réforme a été faite par la loi de 1883.

Cette loi est fondée sur les idées principales suivantes :

a). La faillite touche à l'intérêt général. Elle exige une intervention sérieuse de l'autorité publique.

b). Il est sans doute juste et utile d'éviter la faillite au débiteur honnête. Mais les arrangements et les concordats avant faillite ne doivent pouvoir être conclus qu'après que les affaires du débiteur et la cause de la cessation des paiements ont été soigneusement examinées par un fonctionnaire public. En outre, dans l'intérêt de la minorité des créanciers et de la moralité commerciale, ces arrangements et ces concordats ne doivent avoir d'effet qu'après l'homologation de justice. Il est des cas où la loi elle-même doit défendre au juge d'accorder cette homologation.

Pour réaliser ces idées générales, la loi de 1883 a organisé une sorte de préliminaire de conciliation qui doit précéder la déclaration de faillite ; celle-ci n'a lieu, en principe, que si ce préliminaire de conciliation ne réussit point.

Par qui la déclaration de faillite peut être demandée. — La demande de déclaration de faillite peut émaner, soit du débiteur lui-même, soit des créanciers. On n'a jamais connu en Angleterre la déclaration de faillite d'office. Tout créancier même ne peut pas former une demande de ce genre ; c'est un droit réservé à celui qui est créancier de 50 livres sterling au moins (1,250 francs) ; du reste, plusieurs créanciers peuvent se réunir pour former ensemble une demande, pourvu que le total de leurs créances atteigne ce chiffre.

La loi française se borne à disposer que la déclaration de faillite peut être demandée à raison de la cessation de paiements. Elle laisse au juge le soin d'examiner librement quelles sont les conditions constitutives de cette situation. Le législateur anglais n'accorde pas cette liberté au juge, il ne lui donne pas non plus pour le guider une définition de la cessation de paiements ; le législateur anglais a, en général, horreur des définitions, il procède par voie d'énumération. La loi de 1883, comme les lois antérieures, énumère limitativement les actes et faits de nature à entraîner les faillites ; c'est ce qu'on appelle *acts of Bankruptcy* (art. 2)

Du jugement de séquestre. — La Cour saisie d'une demande en déclaration de faillite ne peut pas la prononcer immédiatement. Elle doit rendre tout d'abord un jugement de séquestre (*receiving order*). Elle désigne dans ce jugement un séquestre officiel (*official receiver*). Celui-ci est un fonctionnaire du *Board of trade*. Un séquestre officiel est attaché par cette administration à chacune des Cours compétentes en matière de faillite. — Un extrait du jugement de séquestre est inséré dans la *Gazette officielle de Londres* et dans un journal local ; ce jugement reçoit ainsi une assez large publicité.

Le jugement de séquestre n'a pas les effets de la déclaration de faillite. Il n'entraîne aucune incapacité politique ; il ne dépouille pas le débiteur de la propriété de ses biens, comme le fait la faillite en Angleterre. Seulement le débiteur ne peut plus contracter des dettes nouvelles ni disposer de son actif. Le séquestre officiel se met en possession des biens du débiteur. S'il s'agit d'un commerce quelque peu compliqué et dont l'interruption ne pourrait avoir lieu sans grave préjudice, un administrateur spécial (*special manager*) peut être désigné. Le droit individuel de poursuivre le débiteur, de pratiquer contre lui des voies d'exécution cesse pour les créanciers, sauf autorisation de la Cour.

Les pouvoirs du séquestre officiel se réfèrent à la personne ou aux biens du débiteur. Il est chargé spécialement d'examiner la conduite du débiteur, de rechercher s'il n'a pas commis quelque délit tombant sous le coup de la loi relative aux fraudes des débiteurs, de vérifier les causes de l'embarras de ses affaires et d'en faire rapport à la Cour. Si la faillite est déclarée, le séquestre officiel joue à peu près le rôle du juge-commissaire du droit français. Dans des cas exceptionnels, il remplit les fonctions de syndic.

Le séquestre officiel est un fonctionnaire du *Board of trade*. Le législateur de 1883 a pensé qu'il convenait plutôt de conférer le contrôle de la gestion de la faillite à une administration responsable devant le Parlement qu'à l'autorité judiciaire, sur laquelle l'action du Parlement est nulle.

De l'interrogatoire public. — Au jour fixé par la Cour, il doit être procédé, en audience publique, à l'interrogatoire du débiteur (*public examination*) ; il est interrogé sur l'état de ses affaires, sur le montant de son actif, sur sa conduite antérieure à la cessation des paiements. Tout créancier ou son mandataire peut adresser des questions au débiteur ; le séquestre officiel prend part à cet interrogatoire. La Cour peut poser aussi telles questions que bon lui semble. L'interrogatoire doit précéder l'assemblée dans laquelle les créanciers ont à se prononcer sur les suites à donner à la procédure. Il importe que les créanciers soient éclairés avant de prendre un parti.

Du concordat et de l'arrangement avant faillite. — Une première assemblée de créanciers doit être convoquée aussitôt que possible après le jugement de séquestre. Elle a pour objet de délibérer sur le point de savoir s'il y a lieu d'accueillir une proposition de concordat ou de liquidation amiable ou s'il convient plutôt de déclarer la faillite. Cette assemblée est convoquée par le séquestre officiel dans les quinze jours de la date du jugement et elle est présidée par lui.

Le débiteur peut proposer à cette assemblée un concordat (*composition*) ou un arrangement pour la liquidation de ses affaires (*scheme of arrangement*). Deux réunions successives sont nécessaires pour le vote du concordat ou de l'arrangement. Dans la première, les propositions du débiteur peuvent seulement être prises en considération. Dans la seconde, les créanciers sont appelés à se prononcer sur elles. Deux majorités sont requises dans les deux réunions, l'une en nombre, l'autre des trois quarts en sommes. Seulement dans la première réunion, la majorité en sommes se calcule sur les créanciers présents ou dûment représentés, tandis que dans la seconde elle se fixe d'après le montant des créances vérifiées.

L'arrangement ou le concordat n'est obligatoire qu'après une homologation de la Cour. Celle-ci est donnée, après rapport du séquestre officiel sur les conditions du concordat ou de l'arrangement, ainsi que sur la conduite du débiteur et sur les objections présentées par les créanciers dissidents.

La Cour doit refuser son homologation quand elle est d'avis que les conditions du concordat ou de l'arrangement ne sont pas raisonnables ou ne sont pas avantageuses pour la masse des créanciers, ou quand on se trouve dans l'un des cas où la Cour doit, en vertu de la loi, refuser au failli sa décharge (art. 18, § 6). Il sera parlé plus loin (page 17) de cette institution de la décharge, qui est toute spéciale à la législation anglaise.

Quand le concordat ou l'arrangement a été dûment homologué, il lie tous les créanciers et la faillite est évitée. Au contraire, la déclaration de faillite est prononcée quand le concordat ou l'arrangement n'est pas admis par les créanciers, quand il n'est pas homologué ou encore quand il est annulé (art. 18, § 11). Le jugement déclaratif est inséré dans la *Gazette officielle de Londres* et dans un journal local. En vertu de ce jugement, les biens du failli passent à un syndic chargé désormais de les administrer et deviennent partageables entre les créanciers.

Organes de la faillite. — Les différents organes et autorités qui ont un rôle à jouer dans l'administration des faillites sont, outre la Cour et le séquestre officiel, représentant le *Board of trade*, le syndic, l'assemblée des créanciers, le comité de surveillance.

Du syndic. Mode de nomination. — Le syndic est nommé par l'assemblée des créanciers ou par le comité de surveillance, si l'assemblée lui confie cette mission. Le *Board of trade* peut exiger du syndic une garantie dont il fixe la nature. Antérieurement, cette question de la garantie à fournir par le syndic était réglée librement par l'assemblée des créanciers; celle-ci n'exerçait presque jamais son pouvoir à cet égard. Le *Board of trade* peut, sauf appel de la part de la majorité des créanciers en sommes, s'opposer à la nomination du syndic, soit à raison de ce qu'elle n'a pas été faite de bonne foi par la majorité des créanciers en sommes, soit en se fondant sur l'inaptitude du syndic ou sur les relations du syndic avec le débiteur.

Le séquestre officiel n'est syndic que dans des cas exceptionnels déterminés par la loi : spécialement quand il y a vacance dans le syndicat ou quand il s'agit de petites faillites (page 18).

Le *Board of trade* nomme un syndic, à la requête du séquestre officiel, quand les créanciers ne l'ont pas nommé dans les quatre semaines de la déclaration de faillite. Les créanciers peuvent, du reste, désigner à toute époque un syndic qui prend la place du syndic nommé par le *Board of trade*. Le législateur anglais veut autant que possible que le syndic soit choisi par les créanciers.

Du comité de surveillance. — Les créanciers *peuvent* nommer parmi eux ou parmi leurs mandataires généraux un comité de surveillance (*committee of inspection*) chargé de contrôler l'administration du syndic. Ce comité est composé de trois personnes au moins, de cinq au plus. — Il se réunit au moins une fois par mois et peut toujours être convoqué par le syndic ou par un de ses membres. — A défaut d'un comité de surveillance, le *Board of trade* en remplit les fonctions (V. art. 22, § 9). Le comité de surveillance, ou le *Board of trade*, qui le remplace est chargé d'autoriser le syndic pour les actes les plus graves qu'il ne peut pas faire seul (art. 56 et 57).

Du salaire du syndic. — Le salaire du syndic est fixé par l'assemblée des créanciers ou par le comité de surveillance, si les créanciers lui en laissent la détermination. La loi indique les bases de ce salaire. Il doit se composer de deux portions : l'une est proportionnelle au prix des biens vendus après déduction des sommes payées aux créanciers jouissant de garanties spéciales, l'autre portion du salaire est proportionnelle aux sommes distribuées à titre de dividende aux créanciers. Les deux parties du salaire doivent être de la même quotité, par exemple l'une et l'autre de 2 ou de 4 p. 100. On a voulu ainsi exciter les syndics à réaliser promptement l'actif et à distribuer les dividendes les plus élevés possibles. — Exceptionnellement, le salaire est fixé par le *Board of trade* quand le failli démontre que celui qu'a fixé l'assemblée des créanciers est excessif ou quand le quart, soit en nombre, soit en sommes, des créanciers proteste contre la délibération.

La loi nouvelle a voulu éviter les abus qui s'étaient produits par suite des arrangements secrets entre le syndic et le failli ou les divers auxiliaires de la faillite. Elle défend au syndic (art. 72 al. 1) d'accepter du failli, d'un *solicitor*, d'un commissaire-priseur ou de toute autre personne employée dans la faillite, un don, un salaire, un avantage quelconque en dehors du salaire fixé par l'assemblée des créanciers et payable sur l'actif. A l'inverse, le syndic ne doit pas renoncer à une portion quelconque de son salaire au profit du failli, d'un *solicitor* ou d'une autre personne employée dans la faillite.

L'assemblée des créanciers, qui a le pouvoir de nommer le syndic, a aussi celui de le révoquer (art. 86). Le *Board of trade* peut également prononcer la révocation d'un syndic, quand il estime qu'il a commis quelque faute ou a manqué de remplir les obligations que lui impose la loi de 1883. Du reste, appel peut être interjeté par le syndic ou par les créanciers.

Des précautions sont prises par la loi pour assurer la sincérité et l'indépendance des votes de l'assemblée des créanciers, spécialement quand il s'agit de fixer le salaire du syndic ou de statuer sur sa conduite. Dans ces cas, le vote du syndic, de son associé, de son employé, de son solicitor, du clerc de son solicitor, soit comme créancier, soit comme mandataire d'un créancier, n'est pas compté dans la majorité requise pour les délibérations (art. 88).

Surveillance exercée sur le syndic. — Le *Board of trade* peut, à tout moment, requérir d'un syndic des renseignements sur la faillite et faire opérer sur place un examen des livres et pièces tenus par le syndic (art. 91).

Le législateur a voulu prévenir les abus auxquels avait donné lieu la remise des sommes disponibles entre les mains des syndics. Il exige que ces sommes soient déposées à la Banque d'Angleterre. A titre exceptionnel seulement, sur l'avis du comité de surveillance, le dépôt peut être fait dans une banque locale. C'est par l'intermédiaire de la Banque que sont opérés les paiements et les recettes. Si un syndic retient au delà de dix jours une somme excédant 50 livres ou celle que le *Board of trade* lui a permis de conserver, il doit payer un intérêt de 20 p. 100, sauf excuse légitime agréée par le *Board of trade.* En outre, il peut être révoqué.

De la distribution de l'actif. Des dividendes. — La loi pose quelques règles pour assurer la répartition aussi rapide que possible de l'actif du failli entre les créanciers. Le premier dividende doit être distribué dans les quatre mois après la première assemblée des créanciers, à moins que le syndic ne prouve au comité de surveillance qu'il y a une raison suffisante pour remettre la distribution à une date ultérieure. Les dividendes suivants, à moins de motifs spéciaux, doivent être distribués à des intervalles ne dépassant pas six mois.

Assemblée des créanciers. Procurations. — La loi ne pouvait manquer de combattre les fraudes auxquels avaient donné lieu, sous l'empire de la loi de 1869, les procurations générales. Voici sur ce point les nouvelles règles restrictives admises :

Un créancier peut toujours voter en personne ou par mandataire. Toute procuration doit être donnée dans une forme déterminée. La formule en est délivrée d'abord par le séquestre officiel, puis par le syndic après la déclaration de la faillite. Toute mention manuscrite doit être de la main du mandant. Une procuration générale ne peut être donnée par un créancier qu'à une personne ayant déjà avec lui un certain lien, spécialement à son gérant, à son clerc ou à une personne à son service régulier. La nature des rapports du mandataire général avec le créancier doit être indiquée dans la procuration. Le mandat spécial de prendre part à une assemblée déterminée est admis sans restriction. Il n'a donné lieu à aucun abus. — Il ne peut être fait usage d'une procuration à moins qu'elle n'ait été déposée entre les mains du séquestre officiel ou du syndic avant l'assemblée pour laquelle elle a été donnée. — Un créancier peut aussi donner une procuration générale au séquestre officiel.

Les assemblées sont présidées par un créancier choisi à la majorité. La première assemblée seule chargée de statuer sur les projets de concordat ou d'arrangement avant faillite, a pour président nécessaire le séquestre officiel.

Incapacités encourues par le failli. — Les incapacités sont beau-coup moins nombreuses qu'en France. Le failli est sans doute privé du droit de siéger à la Chambre des lords, d'être élu ou de siéger à la Chambre des communes, d'être juge de paix (*justice of the peace*), d'être élu maire ou alderman, de remplir un certain nombre de fonctions publiques (art. 32); mais il conserve le droit de vote qu'il avait avant la faillite.

Ces incapacités cessent beaucoup plus facilement qu'en France. Elles prennent fin :

1º En cas d'annulation de la déclaration de faillite. Cette annu-lation est prononcée quand le failli conclut avec la majorité des créanciers en nombre et la majorité des trois quarts en sommes un concordat ou un arrangement homologué par la Cour.

2º En cas de décharge accordée par la Cour, si celle-ci déclare que la faillite est provenue de causes accidentelles, sans qu'il y ait eu faute de la part du failli. La Cour statue, sauf appel, sur cette dernière question.

3º Toutes les fois que la Cour décide que la faillite n'aurait pas dû être déclarée ou quand il est prouvé à la Cour que le débiteur a payé intégralement ses dettes.

De l'ordre de décharge. — La décharge (*order of discharge*) est une institution spéciale à l'Angleterre; on chercherait vainement son analogue sur le continent. En France et dans les autres pays de l'Europe, le failli peut, sans doute, obtenir la remise d'une par-tie de ses dettes, c'est là l'objet le plus ordinaire du concordat. Mais le concordat suppose l'assentiment au moins de la majorité des créanciers; le tribunal de commerce peut approuver ou ne pas approuver le concordat, il ne saurait l'accorder contrairement à l'avis des créanciers, pas même modifier celui qu'ils ont voté.

En Angleterre, la Cour a un droit exorbitant; elle peut, quand le débiteur failli a payé une partie de ses dettes, le décharger du restant. La décision ainsi rendue est ce qu'on appelle l'*order of discharge*. Elle n'implique nullement le consentement des créanciers.

Cette institution remonte au règne de la reine Anne, c'est-à-dire au commencement du XVIIIe siècle. Jusque-là les lois de faillite, dont les plus anciennes sont du règne de Henri VIII, étaient des lois de rigueur ayant pour but principal d'édicter des peines contre les faillis et d'assurer la répartition égale de l'actif entre les créanciers. Le législateur anglais a été pénétré de l'idée qu'il y a, dans le commerce, une large part à faire au hasard, qu'un homme honnête

2

peut être victime d'un concours fâcheux de circonstances, que, du reste, il est juste et utile de lui donner le moyen de se relever en ne le laissant pas exposé aux poursuites de ses créanciers.

D'après la loi de 1883, la Cour peut être saisie d'une demande en décharge à tous les moments de la procédure de faillite; il faut seulement que l'interrogatoire public auquel le débiteur est soumis soit terminé; il importe que la Cour soit fixée sur les causes de la cessation des paiements.

En principe, la Cour peut, selon son appréciation, accorder la décharge, la refuser ou prendre en quelque sorte un parti intermédiaire en la subordonnant à certaines conditions ou en suspendant ses effets pendant un certain délai. Mais le législateur de 1883 a voulu éviter que la décharge ne fût trop facilement accordée; il a indiqué des cas dans lesquels la décharge doit être refusée (art. 28); il en a mentionné d'autres dans lesquelles, si elle est accordée, elle ne peut l'être que sous certaines conditions (art. 28).

La décharge libère le failli pour le restant de ses dettes. Toutefois il est certaines dettes à l'égard desquelles la décharge n'a aucun effet, ce sont spécialement les impôts dûs au Trésor public. Quant aux incapacités encourues par le failli, il n'en est relevé par la décharge que si la Cour déclare qu'il n'y a aucun reproche à lui faire.

La décharge ne remet pas, comme le concordat, le failli à la tête de ses affaires; elle ne fait donc pas cesser l'administration du syndic. A la différence du concordat, qui est résolue en cas d'inexécution, la décharge n'est conditionnelle que si la Cour la subordonne à une condition.

Le failli qui a obtenu une décharge, peut jouir d'un crédit égal à celui d'une personne qui n'a jamais fait faillite. Il n'en est pas de même de celui qui, à défaut de décharge, reste obligé de payer toutes ses dettes. Aussi, pour éviter les fraudes, la loi punit celui qui se fait accorder un crédit de 20 livres sterling ou plus, sans déclarer qu'il n'a pas obtenu une décharge (art. 31).

Des petites faillites. — A côté de la procédure ordinaire des faillites, la loi anglaise a admis une procédure spéciale pour les petites faillites (*small bankruptcies*).

Les frais que les faillites occasionnent sont souvent proportionnellement plus élevés dans les faillites peu importantes que dans les autres. Aussi importe-t-il de simplifier la procédure pour les petites faillites. C'est ce qu'a tenté de faire la loi anglaise. Elle appelle petites faillites (*small bankruptcies*) les faillites dont l'actif

ne semble pas devoir dépasser 300 livres sterling, c'est-à-dire
7,500 francs. Pour ces faillites, les règles générales subissent les
dérogations suivantes :

1. Le séquestre officiel est syndic. Les créanciers ont seulement,
la faculté de nommer à tout moment un syndic de leur choix.

2. Il n'y a pas de comité de surveillance. Le *Board of trade* le
remplace notamment pour les autorisations à donner au syndic.

3. Les règlements faits pour l'exécution de la loi (*Rules*) peuvent y
déroger dans le but de simplifier la procédure et de diminuer les
frais. Les règles sur l'interrogatoire public et la décharge seules ne
peuvent être écartées. D'après ces règlements, la déclaration de
faillite peut être immédiate, si le séquestre prouve à la Cour que
le débiteur est caché ou qu'il n'a pas l'intention de présenter une
proposition de concordat ou d'arrangement ; en outre, il doit y
avoir une seule distribution de dividende, s'il est possible.

Résultats de l'application de la loi de 1883. — La loi anglaise est en
vigueur depuis le 1er janvier 1884, et nous pouvons en connaître les
résultats pratiques. La loi de 1883 contient, en effet, une disposition
qui oblige le *Board of trade*, à une date fixe chaque année, à rendre
compte aux deux Chambres du Parlement des effets de l'application
de la loi. Nous avons ainsi plusieurs rapports sur les résultats pratiques de la loi nouvelle. Ces résultats sont satisfaisants.

1. Le nombre des cessations de paiement a diminué. — 2. Contrairement à ce qui avait lieu sous l'empire de la loi de 1869, les
déclarations de faillites sont devenues plus nombreuses que les
arrangements et les concordats avant faillite. — 3. Les décharges
accordées par l'autorité judiciaire sans condition diminuent de
nombre. — 4. Les dividendes tendent à s'élever. — 5. Les frais
des faillites se restreignent. — 6. Les déclarations de faillite prononcées sur la demande du débiteur sont plus nombreuses que les
déclarations de faillite faites sur la demande des créanciers.

Toutefois, avant de donner quelques indications statistiques sur
ces résultats, il est utile de reproduire une obsevation fort exacte qui
se trouve indiquée en germe dans les rapports faits par le *Board of
trade*. Les effets de la loi nouvelle depuis quatre ans sont sans doute
très bons. Mais il ne faut rien exagérer : on ne peut juger absolu-
ment des résultats définitifs d'une loi par ceux qu'elle produit
dans les premières années de son application. Les lois nouvelles ont
parfois plus d'efficacité que les lois anciennes. Il est arrivé souvent
que des lois ont eu d'abord de bons résultats et que, peu à peu,
ces résultats sont devenus mauvais. Cela s'explique par des raisons

diverses. Quand il s'agit des lois qui, comme les lois relatives à la faillite ou aux sociétés par actions, ont, dans une certaine mesure, pour but de prévenir des abus ou des fraudes, l'explication est simple. Dans les premières années de l'application d'une loi, les fraudes ou les abus commis avant la loi nouvelle sont préve-nus ; il faut un certain temps aux hommes d'affaires, bien qu'ils soient souvent plus habiles que le législateur lui-même, pour trouver des moyens de tourner la loi nouvelle. Tant que ce délai *moral* n'est pas expiré, on doit se garder de porter sur les lois, au point de vue de leurs effets, un jugement définitif.

Quoi qu'il en soit, jusqu'ici la loi nouvelle a atteint son but ; les résultats obtenus depuis quatre ans correspondent exactement à ceux que le législateur de 1883 avait en vue.

1. La diminution des cessations de paiements a été considé-rable. Il y avait eu en 1883 (dernière année d'application de la loi ancienne) 8,555 cessations de paiements ; dès 1884, le chiffre en était descendu à 4,170 ; il a été en 1885 de 4,333 et en 1886 de 4,816.

La diminution du nombre des cessations de paiements a donc été de plus de moitié dès la première année de l'application de la loi. Ce changement est si considérable qu'il est à peu près impossible de l'attribuer exclusivement aux bonnes dispositions que renferme la loi nouvelle. Tout le monde est d'accord à cet égard.

Il est probable qu'il est dû en partie à des causes que l'on ne peut pas déterminer avec certitude. Voici ce qu'on suppose. Il est évident, bien que la loi spéciale n'en parle pas, que le débiteur embarrassé peut toujours conclure des arrangements avec l'unanimité de ses créanciers sans aucun contrôle. Il y a là une application du prin-cipe de la liberté des conventions. Ces arrangements sont appelés arrangements privés (*private arrangements*). Peut-être le nombre de ces arrangements qu'on ne peut pas actuellement connaître, s'est-il beaucoup accru depuis 1883. L'accroissement de leur nombre provient sans doute, avant tout, de ce que le débiteur voulant éviter, à tout prix, la procédure de la loi nouvelle qui le soumet à un interrogatoire public et qui révèle les irrégularités de sa conduite, fait de grands efforts pour s'arranger à l'amiable avec ses créanciers. On suppose aussi que les *solicitors* n'ont pas été étrangers à cet accroissement du nombre des arrangements pri-vés ; ils ont souvent détourné leurs clients, les créanciers, de la pro-cédure de faillite, parce que les salaires des *solicitors* dans cette procédure sont peu élevés. On a même dû les augmenter. — Il serait important de connaître le nombre des arrangements privés. Autrement on ne peut se faire une idée exacte des effets de la loi nouvelle, on ne peut savoir quel est, sous son empire, le nombre total des cessations de paiement. Pour arriver à ce résultat, une loi sanctionnée par la Reine, le 16 septembre 1887 (*Deeds of Arrangement Act.*, 1887, 50 *and* 51 Vict., ch. 57) a décidé qu'une copie de tout arrangement privé doit être, à peine de nullité, déposée dans un bureau public et que cet arrangement doit être inscrit sur un registre spécial dont toute personne peut demander communication ou copie.

Ces arrangements privés, dont le nombre paraît s'être accru depuis 1883, n'ont pas, du reste, les graves inconvénients que présentaient les arrangements avant faillite admis et organisés par la loi de 1869. A la différence de ceux-ci, les arrangements privés ne peuvent être conclus qu'avec l'unanimité des créanciers. Ils n'impliquent donc pas le sacrifice d'une minorité. En outre, par cela même qu'ils ne peuvent être conclus qu'avec l'unanimité des créanciers, ils supposent de la part du débiteur des sacrifices plus grands que les arrangements conclus sous l'empire de la loi de 1869.

2. De 1869 à 1883 le nombre des concordats et des arrangements avant faillite l'emportait sur celui des déclarations de faillite. Celles-ci l'emportent notablement depuis 1884 :

Moyenne sur 100 cessations de paiement.

	Faillites.	Arrangements avant faillite.	Concordats avant faillite.
De 1869 à 1882	11,86	53,25	35,39
1883.	12,23	53,43	34,34
1884.	90,03	1,72	8,25
1885.	91,51	1,80	6,69
1886.	94,81	1,27	3,92

Ces résultats sont dus, sans doute, d'abord au soin avec lequel les séquestres officiels examinent la conduite des débiteurs, puis au refus d'homologation de la part de la Cour quand le débiteur a commis des fautes d'une certaine gravité.

3. Les Cours accordent un moins grand nombre de décharges sans condition; elles se montrent de plus en plus sévères :

	1886.	1885.	1884.
Nombre des demandes.	1,073	915	285
Demandes accueillies sur 100. .	20,9	35,2	46,7

4. Les dividendes s'élèvent, spécialement dans les concordats :

	Sur 100 cessations de paiement.			
	1883.	1884.	1885.	1886.
Dividende au-dessous de 25 p. 100.	81	39	36	27
Dividende de 25 à 50 p. 100	16	42	47	52
Dividende au-dessus de 50 p. 100	3	19	17	21

5. Il faut ajouter que, contrairement à ce qui se passe actuellement en France, le nombre des demandes de déclaration de faillite formées par les créanciers l'emporte sur celui des demandes formées par les débiteurs eux-mêmes.

En 1884, 2,316 demandes ont été formées par le débiteur lui-même, contre 961 formées par les créanciers; en 1885, 3,297 contre 1,065; en 1886, 3,769 contre 1,072.

IV

CONCLUSION. CRITIQUES DU PROJET FRANÇAIS.

L'exposé qui vient d'être fait de la loi anglaise, montre que cette loi a pris des mesures pour permettre aux débiteurs malheureux et de bonne foi d'échapper à la déclaration de faillite et pour les exciter à faire connaître le plus tôt possible leur situation embarrassée. Ce sont précisément là les deux buts principaux du projet de loi français. Aussi est-il naturel de se demander si la préférence doit être donnée au système de la loi anglaise ou au système du projet soumis à la Chambre des députés.

La loi anglaise de 1883 est mieux conçue que le projet de loi français. Celui-ci a trois vices principaux que le législateur anglais a su complètement éviter.

1° D'abord, d'après le projet français, le jugement de mise en liquidation judiciaire ne reçoit que la publicité tout à fait insuffisante résultant de la lecture à l'audience. Cependant, il y a là une décision que les tiers ont le plus grand intérêt à connaître : outre qu'elle révèle la situation embarrassée en fait du débiteur, elle modifie sa capacité, il ne peut plus, à l'encontre de la masse, contracter des dettes nouvelles ni faire des aliénations. La Cour de cassation l'a très bien dit : « *Il y a une exagération dans les* « *ménagements du projet de loi pour la pudeur commerciale d'un* « *homme qui a cessé de payer ses dettes. Si c'est l'honneur de tout*

« commerçant de satisfaire à tous ses engagements avec loyauté et
« bonne foi, que ce soit aussi sa honte d'y avoir failli. Il n'est pas
« sans doute au pouvoir de la loi de provoquer ces sentiments, mais
« il dépend d'elle de ne rien prescrire qui les éloigne ou les affai-
« blisse. » (Rapport de M. Larombière.)

La loi anglaise exige la publication dans les journaux du jugement de séquestre, elle soumet le débiteur, qui a cessé ces paiements, à un interrogatoire en audience publique, alors que peut-
être il ne sera jamais déclaré en faillite. Le législateur anglais se
plaît à proclamer que les intérêts généraux du commerce exigent,
dans tous les cas de cessation de paiements, une large publicité. Il
vient, en vertu de cette excellente idée, d'aller jusqu'à exiger un
enregistrement même des arrangements privés conclus entre le débiteur et l'unanimité de ses créanciers (page 21).

2° Le manque de publicité pour les jugements de mise en liquidation judiciaire n'est pas le vice le plus grave du projet de loi
français. Ce projet est surtout critiquable en ce qu'il réserve les
avantages faits au débiteur honnête pour celui qui a déposé son
bilan dans les dix jours de la cessation de ses paiements et qu'il
refuse, en augmentant à ce point de vue les rigueurs de la loi actuelle, le bénéfice du concordat après faillite à celui qui ne s'est
pas conformé à cette obligation.

Le point de départ du délai de dix jours accordé au débiteur
pour demander la liquidation judiciaire, est la cessation des
paiements. Il y a là un fait qu'il est difficile de définir avec préci-
sion. Les juges eux-mêmes, placés dans des conditions d'impar-
tialité absolue, ont souvent beaucoup de peine à déterminer à quel
moment on peut dire qu'il y a eu cessation de paiements. Comment veut-on obliger le commerçant lui-même, sous peine de perdre
les avantages de la liquidation judiciaire et du concordat, à révéler
sa cessation de paiements dans un délai de dix jours? On mécon-
naît le sentiment naturel qui porte le commerçant à se faire
illusion sur sa situation.

Le législateur anglais a mieux organisé les choses, en permet-
tant d'échapper aux rigueurs de la faillite à tout débiteur qui
obtient un concordat ou un arrangement amiable homologué par
justice. C'est aux créanciers, c'est à la Cour compétente à apprécier
si le débiteur n'a pas attendu trop longtemps pour révéler son insol-
vabilité et si, par suite, son actif n'a pas été diminué par son fait
dans des proportions trop notables. Nous avons la manie des dé-
lais fixes et invariables; les Anglais, en homme plus pratiques,

tenant plus de compte des circonstances, aiment mieux avec raison laisser aux intéressés et à la justice le soin d'apprécier, selon l'expression consacrée, si un acte a été fait *at reasonable time*, en temps utile.

3° Le projet français n'offre qu'un avantage restreint au débiteur qui s'est hâté de révéler à la justice sa situation embarrassée. Elle ne le fait échapper qu'à une partie des incapacités que la faillite entraîne. La loi anglaise admet qu'en cas d'obtention d'un arrangement ou d'un concordat avant faillite le débiteur n'encourt aucune incapacité légale. Il y a peut-être là un moyen plus énergique et plus sûr d'agir sur la volonté des débiteurs et de les pousser à faire connaître promptement la cessation de leurs paiements, afin de pouvoir offrir à leurs créanciers des conditions meilleures. Peut-être est-il plus rationnel d'en arriver là si l'on admet, ce qui est le point de départ du projet français, qu'un certain nombre de débiteurs cessent leurs paiements sans avoir commis aucune faute, par suite d'événements imprévus dont ils sont victimes.

En résumé, je donnerais mon approbation au projet français, s'il admettait la faculté de conclure un concordat préventif au commerçant qui a lui-même présenté requête afin d'être mis en état de liquidation judiciaire sans fixer pour le dépôt de cette requête un délai fatal à partir de la date de la cessation des paiements, si le jugement de liquidation judiciaire était soumis à la même publicité légale que le jugement déclaratif de faillite, si le concordat obtenu avant faillite faisait échapper le débiteur à toutes les incapacités politiques et électorales que le failli encourt, si enfin le failli pouvait comme aujourd'hui obtenir un concordat simple ou par abandon. La loi reposant sur ces bases différerait essentiellement de la loi anglaise en ce que la faillite ne pourrait être évitée que par le débiteur qui, sans attendre une déclaration de faillite prononcée sur la demande de ses créanciers, déposerait lui-même son bilan. Cela paraît utile pour donner intérêt aux commerçants à révéler promptement leur situation embarrassée. Mais je crois qu'on devrait reconnaître au tribunal le droit, soit en cas de concordat après faillite, soit en cas d'union, de relever le débiteur, en tout ou en partie, des incapacités résultant du jugement déclaratif.

Ainsi améliorée notre législation atteindrait sans doute les deux buts assignés par M. Chamberlain à toute bonne loi sur les faillites; elle diminuerait le nombre des naufrages et elle assurerait surtout la conservation du sauvetage.

PARIS. — IMPRIMERIE C. MARPON ET E. FLAMMARION, 26, RUE RACINE.

Imp. BLAIS, ROY et Cie

www.ingramcontent.com/pod-product-compliance
Lightning Source LLC
Chambersburg PA
CBHW060519200326
41520CB00017B/5102